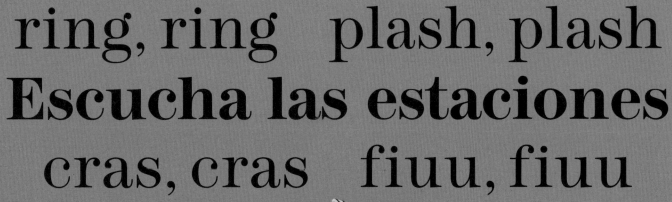

ring, ring   plash, plash
Escucha las estaciones
cras, cras   fiuu, fiuu

COMBEL

Con 12 sonidos de primavera, verano, otoño e invierno

Primavera

La naturaleza despierta tras un invierno largo y frío.

Los árboles florecen y los pájaros cantan en el nido.

¡Salgamos a pasear para saludar a la primavera!

¿Un paseo en bicicleta? ¡Buena idea!

Rosa, azul, lila, amarillo,

el prado estalla en mil colores.

¡Mira cómo trabajan las abejas!

El agua baja de la montaña y crece el río.

Vamos a jugar.

¡Podemos lanzar chinarros!

Escucha cómo suena el agua...

¡es música fresca!

Verano

¡Qué bien, hoy pasaremos el día en la playa!

Oímos el rumor de las olas mientras

construimos castillos de arena.

¡Mira, un cangrejo escondido entre las rocas!

Somos curiosos y nadamos como pececitos

por el fondo del mar.

¡Medusas a la vista!

¿Eso de allí son tomates de mar?

Creo que hay alguien durmiendo entre las algas...

¡Qué tarde hemos pasado con nuestro amigo pescador!

Que suene la sirena, regresamos al puerto.

Este olor a sal... es olor de verano.

¡Somos los reyes del mar!

Otoño

¡Cómo cambió el tiempo! Menos mal que vamos abrigados…

El otoño ha llenado el bosque de setas y castañas.

¿Quién se apunta a jugar con las hojas secas?

¿Oyes el crujir de las ramas?
Son las ardillas correteando para llenar
su despensa para el invierno.
El viento mueve el móvil de cañas de bambú.
¡Anda, subamos a la cabaña!

¡Rayos y truenos!
¡Nos pilló la tormenta!
Mientras llueve, prepararemos
una buena merienda:
boniatos, mandarinas y
bizcocho de calabaza.

Invierno

¡Brrrr, qué frío hace! Menos mal que llegamos a casa.

¡Tengo los pies medio congelados! ¿Has visto cuántas pisadas?

Cuando deje de nevar, podremos hacer un muñeco de nieve.

Unos cuantos troncos en la hoguera y...

¡ya puede nevar! Tenemos leña para todo el invierno.

¿Quién quiere una taza de chocolate caliente?

¡Qué bien se lee bajo la mantita!

Hace sol y hay mucha nieve. Es el momento ideal
para tirarse en trineo y patinar sobre el lago helado.
¡Viva el invierno! ¡Viva la nieve!